CATALOGUE

DE LA

BIBLIOTHÈQUE

DE LA

CONGRÉGATION

DES

DEMOISELLES

DE COLMAR.

COLMAR,
IMPRIMERIE DE CH.-M. HOFFMANN,
IMPRIMEUR DE LA PRÉFECTURE.

1866.

CATALOGUE

DE LA

BIBLIOTHÈQUE

DE LA

CONGRÉGATION

DES

DEMOISELLES

DE COLMAR.

COLMAR,

IMPRIMERIE DE CH.-M. HOFFMANN,

IMPRIMEUR DE LA PRÉFECTURE.

1866.

RÉGLEMENT.

La Bibliothèque de la Congrégation des Demoiselles a été fondée en 1848. Elle contient 2000 volumes et a pour but de propager les bons livres.

Tous les ouvrages sont mis gratuitement à la disposition des personnes qui ne pourraient facilement payer la légère cotisation demandée aux lecteurs en position de la fournir.

Les ressources pécuniaires de la bibliothèque sont :

1° Les cotisations annuelles ; 2° les dons que des personnes de bonne volonté se font un devoir d'offrir pour soutenir une œuvre d'une utilité si incontestable. Le minimum de la cotisation annuelle est fixé à 2 fr. pour les congréganistes ; à 3 fr. pour les autres abonnés de la ville ; à 5 fr. pour les abonnés de la campagne.

Les abonnements devront être réglés dans le courant du mois de janvier. Si l'on s'abonne au milieu de l'année on paiera pour l'année entière.

Il est formellement défendu de prêter les livres,

même à d'autres abonnés; amende de 50 cent. pour cette infraction au réglement.

Tout lecteur répond des livres qui lui ont été confiés. Il est tenu de les rendre en bon état et devra les remplacer ou en payer la valeur en cas de perte ou de détérioration.

Chaque lecteur a droit à trois volumes à la fois. On ne peut les garder plus d'un mois sans en demander l'autorisation.

Les lecteurs devront toujours joindre le numéro indiqué dans le catalogue au titre du livre demandé.

La bibliothèque est déposée petite rue St.-Martin. Elle est ouverte tous les lundis de 2 heures à 4 heures, à l'exception des lundis de Pâques et de Pentecôte.

CATALOGUE

DE LA

BIBLIOTHÈQUE DE LA CONGRÉGATION

DES

DEMOISELLES.

Ire SECTION.

LECTURES DOGMATIQUES, ASCÉTIQUES. — PIÉTÉ. — VIES DE SAINTS.

Abandon à la divine Providence. *P. Caussade.* 226

Actes des Martyrs. 3 vol. 225

Agonie de Jésus, traité de la souffrance morale. *P. Blot.* 3 vol. 24

Ame (l') élevée à Dieu et l'âme pénitente. *Abbé Baudrand.* 2 vol. 25

— affermie dans la foi. *Abbé Baudrand.* 26

— éclairée — 27

— embrasée — 28

— fidèle — 29

— religieuse — 30

— contemplative — 31

— intérieure — 32

— sur le Calvaire — 33

Année (l') liturgique. *Don Guéranger.* 119

Année (l') chrétienne. *Mgr Letourneur.* 7 vol. 222

Ange (l') de l'Eucharistie, vie et esprit de *Marie Eustelle*. 2 vol. 54
Anges (les) saints. *Abbé Pieau*. 2 vol. 201
Ange (l') de la confirmation. 202
Ange (l') gardien de la jeune fille. 203
— de l'ouvrier 204
— du domestique 205
— gardien de l'habitant des campagnes 206
— du jeune garçon 207
— de la jeune ouvrière 208
Anges (les) saints. 209
Ange (l') conducteur des enfants, pendant l'année de leur première communion. 210
Anges (les) de la terre, excellence de la Virginité 16
Apostolat de la Prière. *P. Ramière*. 55
Arbre (l') de vie. *St Laurent Justinien*. 46
Art d'arriver au vrai. *Balmès*. 429
Art de traiter avec Dieu. *Abbé Pieau*. 199
Associations (des) religieuses dans le catholicisme. *Lenormant*. 19
Associations de prières et d'exercices pieux pour la maladie. 223
Au ciel on se reconnaît. *P. Blot*. 182
Au revoir, ou la famille au ciel. *Abbé Pioger*. 183
Auxiliatrices (les) du purgatoire. *P. Blot*. 184
Baptême et Eucharistie. *Mlle Guyot*. 224
Beauté du culte catholique. *Abbé Raffray*. 2 vol. 231
Béthléem ou le mystère de la Ste-Enfance. *P. Faber*. 2 vol. 45
Bible (la) des familles. *Abbé Orsini*. 60
Bible (la) sainte. 2 vol. 61
Bon (le) catholique. 57
Bouquet (le) de la jeune fille. *P. Marchal*. 211
Calomnie et vérité sur le catholicisme. 15

Caractères de la vraie dévotion. *Abbé Grou.* 282
Carême (Petit). *Massillon.* 212
Carême (le). *Bourdaloue.* 3 vol. 44
Catéchisme de persévérance. *Abbé Gaume.* 8 vol. 2
Catéchisme raisonné. *Aimé et Fénelon* 215
Catéchisme de controverse. *Schefmacher.* 216
Catholique (le) à la sainte Table. 217
Catholicisme et protestantisme. *Foisset.* 14
Charité (de la) dans la conversation. *P. Huguet.* 200
Charité (de la) fraternelle. 218
Charité (de la) chrétienne dans les premiers siècles. *Frantz de Champagny.* 121
Chasteté (la). *Abbé Colon.* 17
Chemin (le) de la croix. *Abbé Perreyve.* 228
Chemin (le) de la croix. *Abbé Pinart.* 229
Chemin (le) de la perfection. *P. de Nieremberg.* 245
Chrétien (le) sanctifié par l'Eucharistie. *Abbé Henry.* 241
Chrétien (le) éclairé sur les indulgences. 39
Chrétien (le) catholique. *Abbé Diessbach.* 40
Christ (le) devant le siècle. *Roselly de Lorgues.* 47
Code (le) de la vie spirituelle. 259
Combat (le) spirituel. 247
Communion (la sainte) considérée au point de vue théologique, philosophique et pratique. *P. Dalgairns.* 2 vol. 58
Conduite pour les principales fêtes de l'année. *Avrillon.* 41
Conduite de l'Avent. — 42
Conduite du Carême. — 43
Conduite pour la première communion. 240
Conformité de la foi catholique et de la constitution de l'Eglise Romaine. *Mgr Donnet.* 140
Conférences de N.-D. *P. Lacordaire.* 4 vol. 7

Conférences de N.-D. Le progrès par le christianisme. *P. Félix*. 5 vol. 5
Conférences de *l'abbé Freppel*. La vie chrétienne. 4
Conférences du *P. Newmann*. Le catholicisme travesti par ses ennemis. 5
Conférences de *l'abbé Besson*. L'homme Dieu. 62
L'Eglise, œuvre de l'homme Dieu, 65
Conférences de *Mgr Landriot*. La femme pieuse. 2 vol. 64
La femme forte 65
La Prière. 2 vol. 66
Conférences aux dames du monde. 2 vol. 67
Les Béatitudes évangéliques. 67
Conférences de *Fraissinous*. 68
Conférences de *Mgr Mermillod*. Intelligence et gouvernement de la vie. 69
De la vie surnaturelle dans les âmes. 69
Conférences spirituelles. *P. Faber*. 71
Conférences (petites) aux jeunes filles. 181
Confessions (les) de St Augustin. 48
Connaissance (de la) et de l'amour du fils de Dieu. *P. S. Jure*. 4 vol. 117
Conseils de piété tirés des lettres de Bossuet. 118
Consolateur (le) des âmes timorées. 141
Consolation (la) du chrétien. *Abbé Roissard*. 104
Consolations. *P. Lefebvre*, 72
Conversion de soixante ministres anglicans. 220
Cours de méditations pour la jeunesse. *Abbé de Brandt*. 221
Cri (le) de la vérité et de la justice. *Boëgert*. 215
Délassemenss (des) permis aux personnes pieuses. *P. Huguet*. 165
Délices (les) de l'oraison. *P. Huguet*. 166
Délices des âmes affligées, ou lettres de consolations tirées de St Paul, St Basile, St Jérôme. 219

Démonstration de l'Immaculée Conception. *Mgr Parisis.* 13
Dernière (la) cène. *Cath. Emerich.* 246
Dernière (la) retraite aux Carmélites. *P. de Ravignan.* 59
Derniers (les) jours du chrétien. *Abbé Bayle.* 256
Désolation (la) de Marie. 255
Devoirs de la femme chrétienne. *P. Boone.* 214
Dévotion à la sainte Eucharistie. 73
Dévotion au S.-C. de Jésus. *P. Huguet.* 74
Dévotion à St Joseph. 75
Dieu seul. 281
Dieu (que) est bon ! Pensées consolantes de Fénelon. *P. Huguet.* 167
Divine (de la) Providence. 278
Divinité (la) de l'Eglise manifestée par sa charité. *Abbé Postel.* 76
Doctrine chrétienne. *Lhomond.* 51
Doutes (mes). 283
Eglise (l') catholique, apostolique et romaine. 193
Eglise (l') et la civilisation moderne. *P. Ramière.* 6
Elévations à Dieu sur les mystères. *Bossuet.* 194
Elévations d'un cœur catholique. 105
Enfant (l') chrétien conduit par sa mère à la Table sainte. 106
Entretiens et instructions. *Bourdaloue.* 2 vol. 152
Entretiens spirituels du *P. de Ravignan* aux Enfants de Marie. 58
Entretiens spirituels » (Suite) 58
Epitres et Evangiles pour tous les jours de l'année 107
Epouse (l') parfaite. 111
Epreuves (les) de la vie. 108
Espérances (les) de l'Eglise. *P. Ramière.* 5
Espérances à ceux qui pleurent. *P. Marchal.* 109

Esprit (l') de St François de Sales. 91
Esprit abrégé » » 92
Esprit des cérémonies de l'Eglise. *Abbé Chirat.* 93
Esprit de Ste Thérèse. 2 vol. 94
Eternité (l') s'avance. 95
Etudes philosophiques sur le christianisme. *A. Nicolas* 4 vol. 97
La Vierge Marie et le plan divin — 98
La Vierge Marie d'après l'Evangile — 99
La Vierge Marie vivant dans l'Eglise — 2 vol. 100
Eucharistie (l') méditée. 110
Evangile (l') médité. *Abbé Duquesne.* 4 vol. 101
Evangile médité. 8 vol. 102
Evangile médité. *P. Boissieu.* 4 vol. 103
Exercices de St Ignace ou Manrèze. 151
Exposition de la doctrine catholique. *Bossuet* 153
Exposition abrégée des preuves de la religion. 52
Fait (le) divin. Histoire de la révélation. *P. Brœckaërt.* 11
Fausseté (la) du protestantisme. *Mgr Malou.* 77
Femmes (les) de l'Evangile, homélies. *P. Ventura.* 8
Femme (la) catholique. — 2 vol. 9
Femme (la) parfaite selon les divines Ecritures. 154
Femme (la) comme il la faut. *P. Marchal.* 155
Festin (le) des anges. 193
Fête-Dieu (la) ou le triomphe de la foi. 37
Fêtes (les) de la Vierge Marie. 156
Fleurs du désert. 192
Fleurs dominicaines, ou les mystiques d'Unterlinden. *Vicomte de Bussière.* 90
Fleurs monastiques. *Max de Montrond.* 1
Foi et dévotion à Marie Immaculée. 157
Fourvières. 158
Gloires (les) de Marie. *St Liguori.* 2 vol. 159

Grand (du) moyen de la prière — 187
Grand (le) jour approche. 160
Guerre (la) aux défauts. *Abbé Dumax.* 96
Guide (le) du premier âge. *Lamennais.* 161
Guide (le) de l'enfant chrétien. 163
Guide (le) de la jeune communiante. 162
Guide (le) de la vraie piété dans le monde. *P. Huguet.* 164
Guide (le) spirituel suivi des maximes de St Jean de la croix. *P. Louis de Blois.* 180
Guirlande de l'année. 270
Heures sérieuses d'une jeune personne. *Ch. Ste Foi* 172
— — d'une jeune femme. — 173
— — d'un jeune homme. — 174
— (dernières). — 175
Heureux (l') matin de la vie. 169
Homme (l') de Dieu, Sublimité du sacerdoce. *Hubert-Lebon.* 18
Imitation (l') de J-C. méditée. *Abbé Herbet.* 2 vol. 127
Imitation du S.-C. de Jésus. 145
Imitation de la Ste Vierge. 438
Imitation de St Louis de Gonzague. 444
Impossibilités (les). *Mgr Parisis.* 19
Influence de la Réforme sur l'état religieux, politique et artistique de l'Europe. 20
Instructions sur la Pénitence. *Abbé Gridel.* 129
Instructions sur le sacrement de mariage. — 130
Instructions de la jeunesse. *Gobinet.* 131
Instructions sur le Carême. *Abbé Réaume.* 132
Instructions aux domestiques. *Abbé Busson.* 133
Instructions familières. *Mgr de Ségur.* 134
Instructions et avis aux personnes qui veulent vivre chrétiennement dans le monde. *St François de Sales.* 135

Instructions d'un père à sa fille. 156
Instructions chrétiennes des jeunes filles. *Gobinet.* 157
Instructions pour vivre chrétiennement dans le monde. *Quadrupani.* 244
Instructions pour éclairer les âmes pieuses. *Quadrupani.* 245
Instructions chrétiennes sur le sacrement de mariage. 279
Intérieur de St Joseph. *P. Huguet.* 128
Introduction à la vie dévote. *St F. de Sales.* 159
Jardin (petit) des roses. *Thomas a Kempis.* 198
Jésus parlant au cœur de la jeune pensionnaire. 280
Joseph (S[t]) d'après les saints. 142
Jour (le) de Marie. *P. Blot.* 274
Jour (un) du ciel passé sur la terre. 170
Journée (une) consacrée à Marie. *P. Géramb.* 171
Journée (la) des malades. *Abbé Perreyve.* 78
Larmes (les) de Rachel. *P. Gay.* 79
Lettres de Ste Jeanne de Chantal. 2 vol. 25
Lettres de St François-Xavier. 2 vol. 22
Lettres du P. Lacordaire à un jeune homme sur la piété. 80
Lettres du P. Lacordaire à des jeunes gens. 81
Lettres à un jeune homme sur la piété. *E. de Margerie.* 82
Lettres (nouvelles) à un jeune homme, ou Emilien. *E. de Margerie.* 83
Lettres de St François de Sales à des religieuses. 2 vol. 84
Lettres de St François de Sales, adressées à des personnes vivant dans le monde. 85
Lettres de St Bernard. 86
Lettres spirituelles de Bossuet. 87
Lettres à Eugène sur l'Eucharistie. *P. Géramb.* 88
Lettres de piété de Fénelon. 89

Libre (du) retour à la foi par l'expérience. *Nisard.* 21
Livre (le) de la jeune femme chrétienne. 125
Livre (le) du chrétien. 126
Livre (le) d'office expliqué. *Abbé Ruffray.* 138
Livre (le) de la première communion. 149
Livre (le) des malades. *Ozanam.* 146
Livre (le) de l'enfance chrétienne. *Mme de Flavigny.* 147
Livre (le) des jeunes personnes. 150
Livre (le) des classes ouvrières. *Abbé Mullois.* 276
Livre (le) d'or ou l'humilité en pratique. 277
Livre (petit) de tous. 148
Manière de sanctifier les actions de la journée. 275
Manuel du Pélerin aux Trois-Epis. 252
Manuel de la bonne mort. 250
Manuel des âmes intérieures. *Grou.* 418
Manuel des pieuses domestiques. *Ozanam.* 255
Manuel des pieuses ouvrières. — 254
Manuel pratique de la première communion. 257
Manuel du rosaire vivant. 258
Marie réparatrice et l'Eucharistie. 185
Marie au cœur de la jeune fille. 269
Marie (Ste) Madeleine. *Abbé Coulin.* 145
Marie (Ste) Madeleine. *Père Lacordaire.* 144
Martyrs (les) en Chine. 114
Martyrs (les) du Japon. 12
Mater admirabilis. *Abbé Monin.* 115
Maximes de la philosophie chrétienne. 242
Méditations et soliloques de St Augustin. 129
Méditations sur la vie et les mystères de N. S. *Abbé de Brandt.* 5 vol. 116
Méditations sur le mariage. *Abbé Coulin.* 122
Méditations sur la virginité. — 123
Méditations sur le St Evangile. *Bossuet.* 124

Méditations pour les Enfants de Marie. *P. Huguet.* 197
Mémoires de la Mère de Chaugy. 54
Mémorial des vierges chrétiennes. 176
Mère (la) de Dieu, mère des hommes. *P. Ventura.* 112
Méthode pour converser avec Dieu. 179
Miroir des vierges chrétiennes. 177
Miroir des domestiques chrétiens. 178
Mission et devoirs de la femme chrétienne au sein de la société. *Ozanam.* 115
Missionnaire (le) des familles chrétiennes, tiré des écrits du prince de Hohenlohe. 227
Missionnaire (le) catholique, livre de controverse. 56
Mois (le) de St Joseph. 252
Mois de Marie. Marie, Etoile de la mer. 253
— Eve et Marie. *Abbé Pioger.* 254
— Marie au pied de la croix. 255
Mois de Marie des âmes intérieures. 256
Mois de Marie. *Abbé Pinart.* 257
— Un mois de correction. 258
— Auréole de la Mère de Dieu. 259
— Rosée de mai. 260
— Délices des Enfants de Marie. 261
Mois de Marie des associées du Rosaire. *P. Poton.* 262
Mois des âmes pieuses. 263
Mes heures avec Marie. *Hubert Lebon.* 264
La Vierge-Mère. 265
La petite fille de la Ste Vierge. 266
Mois de Marie. *P. Lalomia.* 267
— — *Mme Tarbé des Sablons.* 268
Mois du Précieux-Sang. 196
Morale de la Bible. *Abbé Didon.* 400
Morts (les) souffrants et délaissés. *P. Félix.* 401
Morts (les) et les vivants. *P. Matignon.* 402

Motifs qui m'ont déterminé à embrasser le catholicisme. *Abbé Rohrbacher.* 405
Neuvaines à la Ste Vierge. 275
Observance (de l') des lois de l'Eglise dans le monde. *Mme de Marcey.* 401
Œuvres spirituelles de Fénelon. 4 vol. 406
Œuvres de l'abbé Chassay. Histoire de la Rédemption. 386
  Difficultés de la vie de famille. 387
  Chrétien (le) dans le monde. 388
  Manuel d'une femme chrétienne. 389
  Femme (la) chrétienne dans ses rapports avec le monde. 390
  Devoirs des femmes dans la famille. 391
  Epreuves (les) du mariage. 392
  Pureté (la) du cœur. 393
Œuvres complètes de *St Louis de Gonzague.* 412
Opuscules du *P. Boone.* 3 vol. 414
Opuscules (pieux). 433
Opuscules des Pères. 434
Panégyrique du *B. P. Fourier.* 55
Passion (la douloureuse). *Cath. Emerich.* 49
Passion (la) méditée. *Jacoutot.* 415
Pensées de *Bourdaloue.* 3 vol. 430
Pensées chrétiennes pour tous les jours de l'année. *Abbé Carron.* 12 vol. 248
Pensées de St Jean-Chrysostôme et de St François de Sales. 441
Pensées sur les plus importantes vérités de la religion. *Abbé Humbert.* 435
Pensez-y-bien. 450
Perfection (la) chrétienne dans le monde. *Abbé Bourgeau.* 432
Perfection (la) des jeunes filles. *Abbé Cherojon.* 446

Persévérance chrétienne après la première communion. 455
Petit Rituel. *Abbé Réaume.* 440
Petites (les) vertus. *Ozanam.* 457
Piété et vie intérieure, petits traités. *Mgr Ségur.* 459
Pieux conseils pour pratiquer la vertu. 451
Postulante (la) et la Novice. *Abbé Leguay.* 420
Pouvoir de St Joseph. *P. Huguet.* 168
Pratique de l'amour envers J.-C. *St Liguori.* 188
Pratique de la perfection chrétienne. *Rodriguez.* 3 vol. 427
Pratiques pour la semaine sainte. 448
Préparation à la mort. *St Liguori.* 186
Première Pâques. 454
Profanation (de la) du dimanche. *Mgr Gaume.* 447
Protestantisme (le) comparé au catholicisme. *Balmès.* 428
Question (la) du surnaturel. *P. Matignon.* 405
Réflexions et prières pour la Ste Communion. 70
Réflexions sur la miséricorde de Dieu. 449
Règles pour le choix d'un état de vie. *Mgr Malou* 451
Règne (le) de Dieu dans l'oraison mentale. *Boudon.* 456
Regrets et expérances. 442
Religion (la) du cœur, lectures consolantes pour chaque jour du mois. 443
Réponses aux objections contre la religion. *Mgr de Ségur.* 445
Retraite spirituelle. *P. Croiset.* 2 vol. 426
Retraite annuelle des dames. *Abbé Lecourtier.* 425
Retraites sur les vertus du S.-C. de Jésus. 424
Révélation de Ste Brigitte. 4 vol. 425
Science (la) du vrai bonheur pour les jeunes personnes du monde. 10
Secret (le) de la perfection. *St Liguori.* 189

Sept (les) dons du St-Esprit d'après les saints Docteurs. 421
Signe (le) de la croix au XIXe siècle. *Mgr Gaume.* 596
Simplicité mène à Dieu. 422
Société (de la) chrétienne au IVe siècle d'après les lettres des Pères de l'Eglise. 55
Souffrances de J.-C. *P. Thomas de Jésus.* 2 vol. 50
Souffrances et consolations, méditations à l'usage des malades. 249
Souvenirs du Calvaire. 250
Sujets d'oraison pour les Enfants de Marie. 251
Théologie à l'usage des gens du monde. *Ch. Sainte Foi.* 597
Traité de l'espérance. 598
Traité sur l'aumône 407
Traité de la paix intérieure. *P. Lombez.* 408
Traité des Indulgences et du Jubilé. *Abbé Pinart.* 409
Traité sur les petites vertus. *Abbé Roberti.* 437
Traité de l'amour de Dieu. *St François de Sales.* 272
Traité de l'amour de Dieu. *Comte de Stolberg.* 410
Triomphe de la Croix. *Jérome Savonarole.* 399
Unique (l') chose nécessaire. 411
Veilles de St Augustin. 394
Vertus et doctrine spirituelle de St Vincent de Paul. 395
Vertu (la) angélique. *Arrisenet.* 281
Vertu (la) parée de tous ses charmes, traité sur la douceur. 271
Vie de N. S. J.-C. *Louis Veuillot.* 515
Vie de N. S. J.-C. *P. de Ligny.* 2 vol. 287
Vie de N. S. J.-C. tirée des quatre Evangélistes. 288
Vie de N. S. J.-C. *P. Croiset.* 289
Vie de la Ste Vierge. *Abbé Orsini.* 290
Vie de la Ste Vierge. *Chanoine Hirscher.* 291
Vie de la Ste Vierge, traduite par *l'abbé Reinhard.* 291
Légende de N.-D. *Abbé Darras.* 292

Vie de la Ste Vierge, Etudes et méditations avec une introduction par *Mgr Mermillod*. 293
Vie des Saints. *P. Croiset*. 12 vol. 285
— — *Godescard*. 20 vol. 284
— — abrégée pour tous les jours de l'année. 286
Vie et extrait des écrits de S. Ambroise. 304
— — — — S. Augustin. 305
— — — — S. Basile. 306
— — — — S. Bernard. 307
— — — — S. Cyprien. 308
— — — — S. Grégoire de Nazianze. 309
— — — — S. Jean-Chrysostôme. 310
— — — — S. Jérôme. 311
Vie de St Alphonse de Liguori. *Card. Villecourt*. 4 vol. 312
— S. Augustin. *Poujoulat*. 2 vol. 333
— S. — — abrégé. 336
— S. — apôtre de l'Angleterre. 337
— S. Bernard. *Abbé Ratisbonne*. 2 vol. 295
— S. Charles Borromée. *Alex. Martin*. 298
— S. Camille de Lellis. 338
— S. Dominique. *P. Lacordaire*. 314
— S. Eloi. 346
— S. François de Sales. *Abbé Hamon*. 2 vol. 315
— S. — — *Marsollier*. 294
— S. François Régis. *Daurignac*. 382
— S. — — *P. Daubenton*. 360
— S. François de Borgia. *Daurignac*. 379
— S. François d'Assise. — 384
— S. — — *Emile Chavin de Malan*. 320
— S. François-Xavier. *Daurignac*. 383

Vie de S. Ignace de Loyola. *Daurignac.* 385
— S. — — *P. Bouhours.* 297
— S. Joseph. *Abbé Pieau.* 328
— S. Léger. *Don Pitra.* 316
— S. Louis, roi. 357
— S. Louis de Gonzague. *Daurignac.* 381
— S. — — *Abbé Gillet.* 331
— S. — — — 332
— S. — — *Père Croiset.* 333
— S. Martin, évêque de Tours. 371
— S. Philippe de Néri. 334
— S. Privat. 375
— S. Stanislas Kostka. *P. Bartoli.* 330
— S. — *P. d'Orléans.* 329
— S. Thomas d'Aquin. *Abbé Bareille.* 341
— S. Vincent de Paul. *Abbé Maynard.* 4 vol. 317
— S. — — *Collet.* 318
— S. — — — 339
— S. — — *Abbé Orsini.* 340
Vie de plusieurs saints Monarques. 358
Vie des Saints canonisés en 1839. 359
Vie du bienheureux père Canisius. 352
— — père Claver. 351
— — Berchmans. *Abbé Bailli.* 376
— — — *P. Frison.* 377
Vie du vénérable Boric. 364
— — Benoît Labre. 349
— — — — Desnoyers. 2 vol. 319
Vie de Ste Adelaïde. 374
— Ste Angèle de Foligno. 345
— Ste Blanche de Castille. *Daurignac.* 378
— Ste Catherine de Sienne. *Emile Chavin de Malan.* 322

Vie de Ste Catherine de Sienne abrégée 365
— Ste — — *Abbé* *** 366
— Ste Cécile. *Don Guéranger.* 363
— Ste Claire d'Assise. *Demore.* 296
— Ste Elisabeth de Hongrie. *Montalembert.* 362
— Ste Eugénie. *Abbé Tourzel.* 324
— Ste Françoise-Romaine. *Vicomte de Bussière.* 326
— Ste Gudule. *Balleydier.* 368
— Ste Jeanne de Chantal. *Abbé Bougaud.* 2 vol. 323
— Ste — — *Daurignac.* 380
— Ste — — 354
— Ste Lidwine. *Abbé Coudurier.* 303
— Ste Marguerite d'Ecosse. *Mme de Bray.* 361
— Ste Monique. *Abbé Bougaud.* 300
— Ste — *Abbé Petit.* 299
— Ste — *Comte Coëstlosquet.* 301
— Ste Odile. *Vicomte de Bussière.* 370
— Ste Philomène. 344
— Ste Radegonde. *Vicomte de Bussière.* 327
— Ste Richarde. 302
— Ste Rose de Lima. 372
— Ste Thérèse, écrite par elle-même, trad. par *l'abbé Bouix.* 321
— Ste Thérèse. *Colombet.* 348
— Ste Thérèse, avec des lettres choisies. 2 vol. 347
— Ste Véronique Giugliani. *Abbé Pieau.* 343
— Ste Zite. *Montreuil.* 325
— Saintes Servantes. *d'Everlanges.* 355
— la bienheureuse Baptiste Varani. 342
— Germaine Cousin. 373
— Marguerite-Marie Alacoque. 2 vol. 356
— Françoise d'Amboise. *Vicomte de Kersabiec.* 350
— Marie des Anges. 353

Vie de Louise Marillac. 367
— la vénérable Marie-Christine de Savoie. 369
Vie chrétienne d'une dame dans le monde. *P. de Ravignan.* 58
Vie (de la) heureuse. *St Augustin.* 452
Vocation (la). 419
Voie de la paix intérieure. *P. Lehen.* 417
Voie de la véritable et solide vertu. *Abbé Leguay.* 416
Voie du salut ou guide du chrétien. *Abbé Niel.* 191
Voie du salut. *St Liguori.* 190
Vraie et solide piété. *St François de Sales.* 415
Zèle (du) de la perfection religieuse. *P. Bayna.* 453

IIe SECTION.

TRAITÉS MORAUX, VIES ET BIOGRAPHIES DE PERSONNAGES ILLUSTRES, ÉDUCATION, NOUVELLES.

A fond de cale. *Mayne Reid.* 530
Abbé (l') de Rancé. *D'Exauvillez.* 531
Académie (l') chez bonne Maman. *Mme de Stoltz.* 532
Adelaïde, ou la couronne de fer. *William Mac-Cabe.* 572
Adelaïde de Witzbury. 1170
Adelaïde de Lichtenberg. 1171
Adolphe et Mélanie. *Abbé Auber.* 1129
Adrien, lettres d'une mère à son fils. *H. Corne.* 505
Æmilianus, ou le soldat martyr. 533
Age (l') de raison. *Abbé Bécel.* 534
Agnès l'aveugle. *Mme Caddel.* 536
Agnès de Lauvens. *L. Veuillot.* 2 vol. 535
Ailey Moore. *P. Baptiste.* 537
Albina, ou la sainte modiste. 538
Alexis Boutteux, notice sur un étudiant en médecine. 1172
Alfred et Casimir. 539
Alice, ou expérience du monde. 540
Alice Scherwin. 492
Alice et Marie. 590
Alphabet (l') de la malice des femmes. 1087

Amalia Corsini. 588
Amie (l') des jeunes personnes. 587
Amies (les) de pension. 466
Anecdotes édifiantes. *Abbé Reyre.* 563
Anecdotes chrétiennes. *Comte de Stolberg.* 564
Ange (l') du pardon. 565
Ange (l') de la famille, journal de *Marthe Lambert.* 566
Anges (les) de la vallée. 606
Ange (un) sur la terre ou Lagrimas. *F. Caballero.* 589
Anges (les) sur la terre. *Abbé Lecomteur.* 1089
Ange (un) de plus au paradis. 1086
Angeline, ou la solitaire. 541
Anna, ou la piété filiale. 542
Anna et Maria, ou deux chemins dans la vie. 543
Anne-Marie-Paule-Dominique de Noailles. 544
Anneau (l') impérial. 545
Antoine et Joseph, ou les deux éducations. 546
Antoine de Bonneval, ou Paris au temps de St Vincent de Paul. 547
Après l'école, ou l'apprentissage. 548
Ars et le jeune philosophe, suivi d'Ars et la Trappe. 2 vol. 549
Art de la conversation. *P. Huguet.* 553
Art de rendre heureux. *Abbé Carron.* 1142
Arthur et Laure. 555
Auguste Marceau. 556
Aumônier (l') du régiment. *Mme de la Rochère.* 495
Auprès des malades. *P. Price.* 557
Aurélie, ou le monde et la piété. 558
Aurélien. *H. Conscience.* 2 vol. 559
Aventures de mer. 567
Balances (les) du bon Dieu. 568
Bataille (la) de la vie. *Dickens.* 569

Batelière (la) de Venise. 526
Beauvallon, ou les devoirs de la famille. 570
Bérénice, ou le pélerinage à Jérusalem. 571
Berthe ou le pape et l'empereur. *William Mac-Cab.* 573
Bibliothéque chrétienne de la jeunesse. 10 vol. 1178
Bibliothèque de l'enfance. *Chanoine Schmitt.* 40 vol. 1179
Bienfaiteurs (les) de l'humanité. 575
Biens (les) de l'Eglise. 1175
Bijou (le) d'une mère. 582
Biographies de quelques femmes célèbres. 576
Biographie du P. Lacordaire. 459
— de Pie IX. 577
— d'O'Conell. 578
— de Mgr Affre. 1144
Blanche de Bourbon. 579
Blanche de Savenay. 580
Blanche et Noémi. 581
Bon sens (le) véritable du curé Mélier. 1145
Bonheur (le) de la religion. *Mme Ste-Marie.* 583
Bonheur (le) des époux chrétiens. 1143
Bonne (la) Maria. 584
Bonnes (les) élèves. 585
Bonne (la) mère de famille. 1161
Branche (la) de rumex. 586
Brigitte de Valady. 605
Cabane (la) de l'île d'Helgoland. 475
Callista. *P. Newmann.* 481
Caroline de Terville, mémoires d'une dame de charité. 498
Cathelineau (les) épisode de la guerre de Vendée. 591
Causeries et mélange. *J. Gouraud.* 593
Césonia. *Lehmann.* 592
Châlet (le) d'Auteuil. *T. St-Germain.* 1073

Chambre (la) des ombres. *Marin de Livonnière.* 594
Champ (le) de blé. *Mazure.* 595
Champ (le) de roses. *Alf. des Essarts.* 596
Chapelle (la) Bertrand. *Loc-Maria.* 597
Chapelain (le) de la Rovella. 598
Charité (Manuel de). *Abbé Mullois.* 599
Charité (la) aux enfants. — 600
Charité mène à Dieu. *Ad. Archier.* 601
Charité (la) en face du choléra. 1132
Chasse (la) aux lions. 602
Chasse (la) aux prêtres. 1104
Château (le) d'Avrilly. 603
Château (le) de l'aïeule. 477
Château (le) de Bois-le-Brun, suivi de Laure de Cernan. 2 vol. 493
Châtelaines (les) de Roussillon. 604
Chaumière (la) de Ht-Castel. 479
Chaumière (la) de Marthe. 474
Cheval (le) blanc. *Nettement.* 607
Chevalier (le) noir, ou l'Angleterre au XVIme siècle. 608
Choix de bonnes lectures. 494
Chrétiens (les) de Syrie. 781
Chrétiennes (les) de la cour. 609
Christine, ou la religion dans le malheur. 1096
Cinq années de la vie des jeunes filles. 610
Civilité des jeunes personnes. 611
Clairières (les). *E. Souvestre.* 612
Clémence, ou Dieu veille sur l'orpheline. 464
Clémence de Lisville. 473
Clémentine, ou le chrétien dans le malheur. 1099
Cœurs (les) dévoués. *Alf. des Essarts.* 613
Coin (le) du feu. 614
Colon (le) de Mettray. 615

Combats (les) de la vie. *Bathild, Bourniol.* 2 vol. 616
Compagnons (les) de Colomb. 617
Comte (le) de la Ferronnaye et Ratisbonne. 618
Comte (le) de Stolberg à ses enfants. 1151
Comtesse (la) de Glosswood. 517
Comtesse (la) de Bonneval. *Lady Fullerton.* 516
Confessions (les) d'un ouvrier. *E. Souvestre.* 619
Confidences (les) d'une jeune fille. *Mme Falaize.* 497
Congrégations (les) religieuses. *A. de Ségur.* 482
Conscrit (le). *H. Conscience.* 560
Conseils à mes enfants, par un catholique. 620
Conseils aux mères sur l'éducation de leurs enfants. 621
Considérations sur la propagation des mauvaises doctrines. 622
Contes du bocage. *Ed. Ourliac.* 623
Contes de Noël. *Dickens.* 624
Contes de Bretagne. *P. Féval.* 625
Contes de l'adolescence. *Miss Edgeworth.* 626
Contre un proverbe. *Thérèse Alf. Karr.* 627
Conversations de Mme de Maintenon. 1150
Conversations sur plusieurs sujets de morale. 1156
Conversion (ma) et ma vocation. *P. Schouvaloff.* 480
Conversion de Hurter. 1154
Conversion du pianiste Hermann. 1153
Conversion d'une famille protestante. 1180
Correspondance d'une élève du Sacré-Cœur. 628
Courage et résignation. 514
Cour (la) du roi Dagobert. 629
Cours de morale à l'usage des Demoiselles. 631
Couronne (la) de roses blanches. 630
Croix (la) et l'épée, souvenirs de la guerre d'Orient. 1135
Croix (la) d'Orval. 465

Curé (le) d'Auvrigny. 476
Curé (le) d'Ars et la Salette. 550
Curé (le) d'Ars et Ste Philomène. 1224
Curieuses origines. 632
Débuts (les) de la vie. 1126
Délices (les) de la religion. 634
Delphine, ou la langue sans frein. 1122
Déodat. 1123
Derniers (les) jours de Pompéï. 633
Derniers (les) jours d'un soldat condamné à mort. 1125
Derniers (les) jours du condamné Robol. 1124
Dernier (le) des Rabasteins. *A. Mazas.* 529
Dernière (la) Vestale. 641
Deux (les) amies de pension. 1125
Deux mystères. *Card. Wisemann.* 527
Deux humilités illustres. 528
Deux voies. *Mary.* 635
Deux (les) jumelles. 636
Deux sœurs. 1092
Deux (les) moulins. 637
Deux histoires vraies. *Abbé Cabrières.* 715
Deux (les) veuves. 638
Deux (les) orphelins. 639
Deux (les) créoles. 640
Devoirs d'une bonne réputation. 1153
— d'une femme. *Ad. Archier.* 642
— d'une bonne petite fille. *Abbé Bécel.* 534
— envers les pauvres. 1137
Dialogues moraux. 644
Dimanche (le) et les fêtes catholiques. 645
Dinah. *Mme de Cortanze.* 646
Direction maternelle de la jeune fille. 647
Dorsigny (les). 511

Dots (les). *E. Nyons.* 648
Echarpe (l') bleue. 649
Ecole (l') des jeunes Demoiselles. 650
Ecolier (l') vertueux. *Abbé Reyre.* 1128
Edith, ou la fille du recteur. 656
Edith Mortimer, ou les épreuves de la vie. 657
Education (l') de l'enfance. 653
Education (l') des jeunes filles. *Mme Drohojowska.* 654
Education (l') des femmes. *Mme de Bassanville.* 655
— . maternelle. 652
— des filles. *Fénelon.* 1067
Edward Blackford. 468
Edwin, ou le jeune martyr. 482
Elda de Kérénor *Mme T. des Sablons.* 460
Elise. 1080
Elisa et Marcie. 1088
Eloi l'organiste. 1081
Emma, ou le modèle des jeunes personnes. 1082
Emilia Paula. *Abbé Bareille.* 2 vol. 499
Empire (l') de la foi. 658
Enfants (les) de Clovis. 659
Enfant (l'). 660
Enthousiasme (l'). *Mme Gjertz.* 661
Entretiens de village. *Cormenin.* 662
Epagathus, ou les martyrs de Lyon. 665
Epis (les) de Ruth. *Abbé Fouré.* 478
Epreuves (les) d'une mère. *B. Bouniol.* 664
Esclave (l'). *Mme Drohojowska.* 666
Espérances trompées. 1085
Esprit (un) fort. 1125
Esprit (un) et un cœur vivifiés par le catholicisme. 470
Esquisses morales et historiques. *Cadoudal.* 667
Esquisses. *Alf. de Courcy.* 668

Esquisses morales. *Julie Gouraud.* 669
Estelle, ou la vierge des Alpes. 651
Eté (l') sous les tilleuls. 502
Etoile (l') de Tunis. 467
Etoile (l') du matin, journal mensuel. 3 vol. 496
Etoile (l') de la mer. *Mme de Braye.* 671
Eugénie, vie et lettres d'une orpheline. 1120
Expiation (l'), ou Cécile d'Erlan. 525
Fabiola, ou l'Eglise des catacombes. *Card. Wisemann.* 491
Fabliaux du moyen-âge. 1121
Faits et récits contemporains. *Cadoudal.* 670
Famille (la) de Kendal. 1074
— Dumonteil. 672
Famille (la) Cazotte. *Anna Marie.* 673
Famille (la), cours de philosophie morale. *P. Janet.* 674
Famille (une). *Mme Guizot.* 2 vol. 676
Famille (de la vie de). *Mme de Marcey.* 678
Famille (la). *Amédée de Margerie.* 2 vol. 675
Famille (la) Morand. *Ad. Archier.* 677
Fanchonnette. 679
Fantaisies scientifiques de Sam. *A. Berthoud.* 4 vol. 680
Fastes et légendes du St-Sacrement. *De Gaulle.* 682
Faux (les) visages. *Mme Drohojowska.* 683
Femmes (les) qui savent souffrir. *A. Bouchet.* 684
Femmes (les) pieuses de la France. 501
Femmes (les) dans le célibat. *A. de Milly.* 681
Ferme (la) d'El-Rarbi. 472
Fêtes (les) d'enfants. 685
Fêtes (les) chrétiennes. 687
Feuille (la) de coudrier. *T. Saint Germain.* 1071
Fiancés (les). *Manzoni.* 2 vol. 686

Fille (la) de l'émigré. 690
Filles (les trois) du ciel. 689
Filleule (la) d'Alfred. *B. Bouniol.* 665
Fioretti de St François d'Assise. 688
Firmin, ou le jeune voyageur en Egypte. 691
Fleurette d'Occitanie. 998
Fleurs dominicaines ou les religieuses du couvent de Ste-Agnès à Strasbourg. *V[cte] de Bussière.* 504
Fleurs et fruits de la foi. *Abbé Fouré.* 694
Fleurs du paradis. *Alf. des Essarts.* 1095
Fleurs de famille. *Célarier.* 487
— des champs. *F. Caballero.* 692
— de la légende dorée. *Abbé Calas.* 693
— à Marie. *Turquety.* 1410
Florence Raymond. *Julie Gouraud.* 695
Florine, ou une page de l'histoire des croisades. 574
Fortune et richesse. *Jean Lander.* 696
Foyer (le) assiégé. *William O'Gornam.* 697
Foyer (au) de la famille. 468
France (la) et l'Eglise. *Abbé Dret.* 1140
Frère (le) et la sœur. 698
Frères (les) de lait. 1112
Gabrielle-Claire. 2 vol. 699
Galerie des jeunes vierges. 700
Gatienne, ou courage d'une jeune fille. 701
Générosité et douceur ou les héroïnes chrétiennes. 702
Géraldine, ou l'histoire d'une conscience. 703
Gerbe (la). *Alf. des Essarts.* 704
Gertrude d'Est. 1125
Gilles de Bretagne, ou le fratricide. *F. Walsh.* 705
Grâces (les) chrétiennes, la Foi. 1113
Guérillas (les). *Loc-Maria.* 2 vol. 706
Guerre et paix. *F. Bremer.* 707

Guerre (la) noire, souvenirs de St.-Domingue. *d'Auriac.* 708
Guide (le) à Sainte-Odile. 1063
Guillaume et Lucie. 1076
Hélène ou l'empire sur soi-même. 1065
Héros (les) de la charité. 709
Héros et martyrs, épisode des guerres de Vendée. *Mme de la Rochère.* 710
Heureux (les) fruits de la vertu. 1114
Héritier (l') du mandarin. *Urbain Didier.* 711
Histoires et légendes irlandaises. *Nettement.* 714
Histoire d'un village. *Vicomte de Melun.* 1115
— du mont Valérien. — 1116
— de deux âmes. — 715
Histoires, contes et nouvelles. *V. Walsh.* 2 vol. 716
Histoires édifiantes. *Abbé Baudrand.* 717
Histoires morales. 718
Hommages et souvenirs. *Célestin de Sévanne.* 483
Hommes (les) noirs. *Delaporte.* 719
Hypathia. 515
Immolation. *Lafond.* 720
Incas (les). 721
Institut (de l') et de l'existence des Jésuites. *P. de Ravignan.* 722
Instructions sur les spectacles. 1117
— sur les romans. 1118
Intérieur (l') d'un pensionnat. 723
Isabelle de Saint-Georges. 725
Isola. 2 vol. 724
Italie (l') ou une conversion au XIXe siècle. 524
Jacques, ou l'enfant de la crèche. 726
Jean Racine. 727
Jésuites (les) au bagne. 1119

Jeune (une) fille modèle. 728
Jeune (le) docteur. *H. Conscience.* 561
Jeunes (les) ouvrières. 729
Jeunes (les) filles et les jeunes femmes.
Mme Brisset des Nos. 730
Jeunesse (la) des princes. 731
Joseph Régnier. *U. Didier.* 712
Journal d'une visitandine pendant la Terreur. 732
— de Gaston, heures sérieuses d'un écolier. 733
— des bons exemples, revue mensuelle. 457
Journal d'un solitaire. *A. de Milly.* 750
Journée (une) bénie de Dieu. 749
Julia, ou la captive. 751
Julie. *Mme de Stoltz.* 463
Ketty Leinster. *Mme Sainte-Marie.* 1094
Labruyère (le) des jeunes personnes. 734
Lady Anne, premières années d'une orpheline. 735
Lady Clare. *T. Saint Germain.* 1069
Lampe (la) du sanctuaire. *Card. Wisemann.* 736
Lances (les) de Linwood. 471
Laurentia. *Lady Fullerton.* 737
Laure et Anna. 738
Lazarine. 1095
Lectures d'hiver. *Alf. des Essarts.* 782
Lecture en famille. *P. Huguet.* 739
Légendes intimes. *Mme Tarweld.* 740
Légendes (petites). 1176
Légende dorée des prêtres et des moines. 1102
Légendes du dimanche, du blasphème. 1104
Légende de St Jean-Baptiste. 1105
Légende (une) du XIXe siècle. 1005
Légende (une) celtique. *Hersart de la Villemarqué.* 741
Légendes de la Vierge. *Collin de Plancy.* 506

Légendes des femmes. *Collin de Plancy.* 507
— des saintes images. — 508
— des vertus théologales. — 509
— des croisades. — 510
Léontine et Marie. 742
Lettres sur l'éducation. *Mistress Chapone.* 743
— sur l'éducation du peuple. *Laurentie.* 1158
— à ma fille. *Baron de Fondragon.* 1159
— sur l'extatique de Niederbronn. 744
Livre des pères et des mères de famille. 1106
— des affligés. 2 vol. 745
— des saintes. 505
Luxe (du) au point de vue de la famille et de la religion. *P. Huguet.* 554
Lydia et Anatole. 1107
Lydia. 746
Lyre sainte. 1108
Madeleine, histoire chrétienne. 747
Madeleine, histoire d'Auvergne. 748
Mademoiselle de Monteymart. 1079
Magasin catholique. Collection complète. 456
Maison (une) du faubourg. 1109
Manuscrit (le) bleu ou la jeune femme chrétienne. 752
Marcel. *H. Corne.* 2 vol. 753
Marianne Aubry. *J. Gouraud.* 754
Margherita Pusterla. *César Cantu.* 755
Marguerite (la) de San-Miniato. 756
Marguerite Danvers. 757
Marie, ou la destinée de la femme. 758
Marie (S^te) des bois. 759
Marie et Juliette. 1098
Marie-Rose, ou la résignation chrétienne. 760
Marie, ou la vertu heureuse de s'ignorer. 1097

Marie, ou la Fête-Dieu. 1110
Marie-Thérèse en Hongrie. *Loc-Maria.* 518
Marie de Kervon. 761
Marthe. *Alf. des Essarts.* 959
Martyre de la vierge Eulalie. 482
Martyrs (les) de Castelfidardo. 762
Mathilde et Gabrielle. 763
Maurice, ou la confiance en Dieu. 1077
Médecin (un) sous la Terreur. 764
Mélanie et Lucette. 552
Mémoires du chanoine Schmitt. 2 vol. 461
Mémoires d'Antoine. *Rondelet.* 765
Mémoires d'un père sur la vie et la mort de son fils. 462
Mémoires d'un ange gardien. 1075
— d'un peuplier. 1111
— d'un bébé. *Mme de Braye.* 766
Mémorial de famille. *E. Souvestre.* 767
Mesnil (le) au bois. 645
Mères (les) chrétiennes. 769
Mère (la) Ste Euphrasie. 768
Messager du Sacré-Cœur. 770
Miracle (le) de la Salette. 2 vol. 551
Missionnaire (un) russe. *Prince Galitzin.* 1181
Modèle des premières communiantes. 1091
Mon couvent (les ruines de). *Léon Bessy.* 771
Mon cloître, mémoires de sœur Adèle. *Léon Bessy.* 772
Morale (la) en action, dédiée à la jeunesse. 1064
Mort de Lady Talbot, princesse Borghèse. 525
Mozart, vie d'un artiste chrétien. *Goschler.* 773
Naufrages célèbres. 774
Newton de la jeunesse. 1127
Notice sur la médaille miraculeuse. 1090

Notice sur la vie de Gabrielle, de Marie, etc. 521
— sur Mgr Mathéo Nakar. 482
— sur Mme Elisabeth de la Croix. 1181
— sur le P. de Ravignan. 482
— sur Mme Leboutciller. 1181
— sur M. l'abbé Desgenettes. 775
— sur le P. Hernsheim. *P. Danzas.* 1181
— sur Mlle Célestine Boguais de la Boissière. 776
— sur Mme Elisabeth Galitzin. 482
Nouvelles morales du faubourg. 1177
Nouvelles héroïnes chrétiennes. *Abbé Caron.* 777
Nouvelles germaniques. *Werfer.* 500
— religieuses. *Mme T. des Sablons.* 1141
— morales. *Mme de la Rochère.* 778
— diverses. *E. Ourliac.* 1062
Nuit (une) pendant l'inondation. *Cartier.* 779
Œuvres de *Hyp. Violeau.* Veillées bretonnes. 788
— Nouvelles Veillées bretonnes. 789
— Histoires de chez nous. 790
— Souvenirs et nouvelles. 791
— Récits du foyer. 2 vol. 792
— Un homme de bien. 793
— La maison du cap. 794
Œuvres de *Mlle Monniot.* Le journal de Marguerite. 2 vol. 795
— Marguerite à vingt ans. 2 vol. 796
— Mme Rosely, ou la marâtre chrétienne. 2 vol. 797
— Raphaëla de Mérans. 798
— Nina l'incorrigible. 799
— La chambre de la grand'mère. 800
— Coralie Delmont. 801
Œuvres de *Drieude.* Les solitaires d'Isola Doma. 802
— Rosario. 803

Œuvres de *Drieude* Adhémar de Belcastel. 804
— Lorenzo. 805
— Dom Léo. 806
— Silva. 807
— Isala. 808
— Les épreuves de la piété filiale. 809
— Edmour et Arthur. 810
Œuvres de *M. Eug. de Margerie.* Etudes littéraires. 811
— Scènes de la vie chrétienne. 2 vol. 812
— Contes d'un promeneur. 813
— Les aventures d'un berger. 814
— Réminiscence d'un vieux touriste. 815
— La légende d'Ali. 816
— Les six chevaux du corbillard. 817
Œuvres de *Mlle Ulliac Trémadeure.* La pierre de touche. 818
— Claude ou le gagne-petit. 819
— Secrets du foyer. 820
— Souvenirs d'une vieille femme. 2 vol. 821
— Nouvelles scènes du monde réel. 822
Œuvres de *l'abbé Bautain.* La belle saison à la campagne. 823
— Le chrétien de nos jours. 824
— La chrétienne de nos jours; 1re partie, la jeunesse. 825
— La chrétienne de nos jours; 2e partie, l'âge mûr et la vieillesse. 826
Œuvres de *Mme Bourdon.* Les servantes de Dieu. 827
— Denise. 828
— Le foyer. 829
— Antoinette Lemire. 830
— Quatre nouvelles historiques. 831
— Nouvelles historiques. 832

Œuvres de *Mme Bourdon*. Pulchérie. 833
— Souvenirs d'une institutrice. 834
— Les Homonymes de l'histoire. 835
— Veillées du patronage. 836
— Les Béatitudes. 837
— Souvenirs d'une famille du peuple. 838
— Le droit d'aînesse. 839
— La vie réelle. 840
— La charité. 841
— Le divorce. 842
— Tableaux d'intérieur. 843
— Les trois sœurs. 844
— Marcia. 845
— Une parente pauvre. 846
— La ferme aux ifs. 847
— Marthe Blondel. 848
— Léontine. 849
— Abnégation. 850
— L'héritage de Françoise. 851
— Politesse et savoir-vivre. 852
— Lettres à une jeune fille. 853
— Quelques heures de solitude. 854
Œuvres de *Mlle Fleuriot*. Réséda. 855
— Ivonne de Coatmorvan. 856
— Souvenirs d'une douairière. 857
— Sans beauté. 858
— La vie en famille. 859
— Eve. 860
— Marquise et Pêcheur. 861
— Les Prévalonnais. 862
— Sans nom. 863
— Histoires pour tous. 864
— La Glorieuse. 865

Œuvres de Mlle *Fleuriot*. Une famille bretonne. 866
— Un cœur de mère. 867
Œuvres de *Mme de Navery*. Aglaé. 868
— Monique la Savoisienne. 869
— L'Ange du bagne. 870
— Légendes d'Allemagne. 871
— Voyage dans une église. 872
— Jean l'ivoirier. 873
— La cendrillon du village. 874
— Nouvelles de charité. 875
— L'abbé Marcel. 876
— Viatrice. 877
— Les religieuses. 878
— Jeanne-Marie. 879
— Le choix d'une femme. 880
— Le choix d'un mari. 881
— Le chemin du paradis. 882
— La fille du coupeur de paille. 883
— Le rameur de galères. 884
— Récits consolants. 885
— Avocats et paysans. 886
— La femme selon St Jérôme. 887
Œuvres de *Mme Hahn-Hahn*. Maria Régina. 2 vol. 888
— Les deux sœurs. 2 vol. 889
— Doralice. 2 vol. 890
— Pérégrin. 2 vol. 891
— De Babylone à Jérusalem. 892
— Une voix de Jérusalem. 893
— Les martyrs. 2 vol. 894
— Quatre portraits. 895
Œuvres de *l'abbé Devoille*. La charrue et le comptoir. 896
— Le mendiant. 2 vol. 897

Œuvres de *l'abbé Devoille*. Un intérieur. 2 vol. 898
Le manteau brun. 2 vol. 899
— Notre-Dame de consolation. 2 vol. 900
— Vengeance ou une scène au désert. 901
— La cloche de Louville. 902
— La prisonnière de la tour. 903
— Les Croisés. 2 vol. 904
— Le tour de France. 905
— L'enfance de la Providence. 906
— La dame de Châtillon. 907
— Un rêve. 908
— L'œil d'une mère. 909
— Les victimes. 910
— Iréna. 911
— Mémoires d'une mère de famille. 912
— Le siège de Paris. 913
— Les travailleurs. 914
— La fiancée de Besançon. 2 vol. 915
— Le solitaire de l'île Barbe. 916
— Le moine de Luxeuil. 2 vol. 917
— L'exilée. 918
— Les prisonniers de la Terreur. 919
— Le proscrit. 920
— Mémoires d'un ancien serviteur. 921
— La croix du sud. 922
— L'étoile du matin. 923
— L'astre du soir. 924
— Andréas. 925
— Le paysan soldat. 926
— Lucie de Poleymieux. 927
— Eve de Mandre. 928

Œuvres du *P. Bresciani* et du *P. Ballerini*. Le juif de Vérone. 2 vol. 929

Œuvres du *P. Bresciani* et du *P. Ballerini.* Ubaldo et Irène. 2 vol. 930
— Le chasseur des Alpes. 931
— Le Zouave pontifical. 932
— La maison de glace. 933
— Don Giovanni. 934
— La République romaine et Lionello. 935
— Mathilde de Canosse et Yolande de Groningue 936
— Edmond. 937
Olga. 780
Olympe et Adèle. 1078
Onésie, ou les soirées de l'abbaye. *Mme T. des Sablons.* 783
Oraison funèbre du général Drouot. 784
Ornements de la mémoire. 785
Oromaïka, conversion d'une jeune Indienne. 786
Otto Gartner. *Marin de Livonnière.* 787
Pair (un) d'Angleterre. *Nettement.* 954
Paraboles. *P. Giraudeau.* 946
Parfait (le) domestique. 1160
Paris (à) et en province. *L. Gauthier.* 947
Paul, ou la reconnaissance. 948
Pauline. 1100
Pauvre Jacques. 941
Pazzini et Silva. 955
Pélérinage (un). 1155
Pélérinage (le) de Christian. 1156
Pélérinage d'une jeune fille à Jérusalem. 1157
— à Notre-Dame de la Trappe. 1154
Père (le) Lacordaire. *Montalembert.* 940
Père (le) Augustin, épisode de la grande Chartreuse. 1101
Perle (la) cachée. *Card. Wisemann,* 943
Perte et gain. *P. Newmann.* 942
Petit (le) jardin, leçons d'une mère à son fils. 1158

Petits aperçus sur de grandes questions. 482
Petites vérités aux jeunes filles. *J. Gouraud.* 945
Petites lectures. 944
Petites causes peu célèbres. 1169
Petites (les) choses. 1163
Petite (la) Marie. 1164
Petits portraits de grands messieurs, de grandes dames et de grandes demoiselles. 1167
Petits et grands. *Marin de Livonnière.* 949
Philosophe (un). — — 950
Pie IX et l'armée française. 1165
— (le roi). 1166
Pieuse (la) paysanne. 1066
Pieux souvenirs du pensionnat. 952
Piété (la) rend heureux 951
Pouvoir (le) de la charité *Mme de Braye.* 956
Prascovie. *Lopouloff.* 957
Prélats (les) les plus illustres. *Max de Montrond.* 484
Poètes (les) les plus illustres. — 485
Prêtres et religieux les plus illustres. — 486
Première (une) année dans le monde. 958
Privilège (le) de St-Romain. *Ad. Archier.* 959
Prix (le) de la vie. 960
Promenade d'un naturaliste. 961
Prophète (le) du monastère ruiné. *O'Gornam.* 962
Proverbes inédits. *Mme de Maintenon.* 1150
Quand les pommiers sont en fleurs. *B. Bouniol.* 963
Quarts (les) de nuit. *Lalandelle.* 964
Quatre (les) âges. 1168
Quatre (les) martyrs. *Rio.* 965
Quelques saintes. 1173
Quelques scènes du moyen-âge. *Collin de Plancy.* 966
Quelques lettres trouvées dans la correspondance

d'une institutrice. 967
Rafaëlla. *Silvio Pellico.* 968
Récits du pèlerin. *Letremble.* 2 vol. 969
Récit de persécutions contre des religieuses polonaises. 970
Récits, souvenirs et mélanges. 971
— sur Pie IX. 972
— légendaires. *Alf. des Essarts.* 973
— bretons. *Ropartz.* 974
— variés. *E. Veuillot.* 975
— d'un promeneur. *Cordier.* 976
Récréations de la jeunesse. 977
Réflexions de Polichinelle. 1148
Religieuse (la) du Carmel. *Abbé Casamayor.* 978
Religion (la) présentée au cœur. 1149
Renaud, ou les voies de la Providence. 979
René 980
Revue amusante. 520
Robe (la) de la Vierge. 981
Robert, épisode de 1848 982
Robertine. *Mme de Bawr.* 983
Robinsons (les) français, ou la Nouv. Calédonie. 513
Robinson (le) Suisse. 984
Romaine de Todi. 1163
Rome durant le carême. *Abbé Dumax.* 985
Roquevair (les). *A. Méral.* 986
Rosa Danielo, ou les Sarrasins en Espagne. 987
Rose et Joséphine. 988
Rose Leblanc. *Lady Fullerton.* 519
Roses (les) de Noël. 989
Roseline. 990
St-Père (le) et Rome. *Abbé Mullois.* 992
Ste Jeanne de Chantal et la marquise de Sévigné. 991

Santé (la) universelle. *Docteur Macé.* 458
Sara. *Mme T. des Sablons.* 993
Savant (le) de neuf ans. 994
Scènes de la vie réelle. *Mlle Nottret.* 995
Scènes et nouvelles catholiques. *L. Gauthier* 1147
Scènes et dialogues populaires. 996
Scènes de la vie de campagne. *Chauvelot.* 997
Science (la) du monde. *Mme de Bassanville.* 999
Secret du bonheur. *Mme Drohojowska.* 1000
Sentiments de Napoléon sur le christianisme. 1001
Sérapia. 1002
Séraphine. 1003
Serviteurs (les) de Dieu. *L. Aubineau.* 3 vol. 1004
Simples nouvelles. *Mme de Stoltz.* 1005
Simples récits. *Crétineau Joly.* 938
Sire (le) Evrard. 469
Sires (les) de Coucy. 1006
Sœurs (les) de charité en Orient. 1008
Sœur (une) de Fabiola. 1007
— (la) de charité. 1009
Sœur Léocadie. 1150
Soirées des jeunes personnes. *Mme de Bawr.* 1010
Soirée (une) en famille. 1011
Soirées de charité. *Mme Drohojowska.* 1012
— du presbytère. 1151
— villageoises. 1152
— de l'ermitage. 1013
— (les) bien employées. 1014
Solange de Châteaubrun. 512
Solitaire (la) des rochers. *Abbé Bouix.* 2 vol. 1015
Sophie et Eulalie. 1146
Souffrance et courage, ou la pieuse Madeleine. 1016
Sous le chaume. *Mme de la Tour du Pin.* 1028
Souvenirs et esquisses. 1017

Souvenirs, légendes, récits, par la Société de St-Victor. 1018
— du pensionnat. 955
— de St-Acheul. 1019
— et témoignages. *A. de Ségur.* 1020
— et exemples, dernière couronne d'Eulalie. 1021
— d'un petit enfant. 1159
— de la Ste-Enfance. *Max de Montrond.* 1022
— de 1860. 1023
— de la congrégation de Notre-Dame. 1024
Stéphano, épisode de la révolution de Rome. 1026
Succès (les) d'un jeune militaire. 1025
Stygmatisées (les) du Tyrol. 1027
Tableau poétique de la foi. *V. Walsh.* 1029
— — des fêtes chrétiennes. — 490
— — général des conversions protestantes du XIXe siècle. 1030
Tébaldo, histoire corse. 1031
Thaïs, comtesse de Rupelmonde. 1085
Théâtre d'éducation. *Mme de Genlis.* 1032
Théâtre des jeunes filles. 3 vol. 1033
Thomas Morus. *Mme de Craon.* 1034
Tilleul (le) ou l'oubli des injures. 1174
Tour (le) du cadran. *Alf. des Essarts.* 1035
Traité de l'éducation. *Mgr Dupanloup.* 2 vol. 488
— — *Abbé Balme-Frézol.* 2 vol. 489
Trésor des familles chrétiennes. 1036
Trève (la) de Dieu. *T. Saint-Germain.* 1068
Triomphe du christianisme. 1162
Triomphe (le) de la piété filiale. 1037
Trois (les) vocations. *Abbé Auber.* 1038
Trois mois à la Louisiane. 522

Turbotière (la) *T. Saint-Germain.* 1072
Urbain et Paula. 1084
Ursulines (les) de Blois. *Abbé Richaudeau.* 2 vol. 1039
Veillées militaires. *A. Balleydier.* 1040
— maritimes. — 1041
— du presbytère. — 1042
— de famille. — 1043
— des vacances. — 1044
— du château. *Mme de Genlis.* 2 vol. 1045
— amusantes. *Loyseau de Bizot.* 1046
— d'une mère de famille. *Mme Manceau.* 1047
— Flamandes (choix). *H. Conscience.* 562
— de chasse. *Meyne-Reid.* 1048
Veilleuse (la) *T. Saint-Germain.* 1070
Vertu (la) en exemples. 1050
Victor Blanchet. 1049
Vie de Mgr de Quelen. 1188
— du cardinal Cheverus. 1189
— de Mgr Sibour. 1187
— du cardinal Giraud. *Abbé Capelle.* 1186
— du P. de Ravignan. *P. de Pontleroy.* 2 vol. 1184
— — — *Poujoulat.* 1185
— du père Lacordaire. *P. Chocarne.* 1183
— du curé d'Ars. *Abbé Monnin.* 2 vol. 1182
— nouvelle du curé d'Ars et de Ste Philomène. 1191
— (petite) du curé d'Ars. 1224
— du P. Cathary. 1190
— du P. Ephrem, trappiste. 1217
— du marquis de Villeneuve-Trans. 1218
— de Paul Granger. 1194
— de Louis Stéphanelli. 1214
— de Louis de Sales. 1219
— de Marie Lataste, par une religieuse du Sacré-Cœur. 1212

Vie de Mlle de Melun. 1215
— des trois nièces de St Louis de Gonzague. 1192
— de Mme Louise de France. *Abbé Proyart.* 1199
— de la mère Thérèse de St Augustin, par une carmélite. 2 vol. 1199
— de Mme Seton. 1198
— de Mlle de Lamourous. 1208
— de Mme Gélinsky. 1206
— de Mme de Méjanez. 1203
— de sœur Rosalie. 1196
— de Mme de Soyecourt. 1216
— des dames françaises distinguées. 1193
— d'Anna-Maria Taïgi. 1213
— de Fanny. 1223
— de sœur Marie de Ste-Victoire. 1210
— des premières religieuses de la Visitation. 2 vol. 1195
— des fondatrices d'ordres religieux. 1220
— des justes parmi les filles chrétiennes. 1207
— de Pauline de St-André. 1201
— de Victorine de Gallard. 1202
— d'Eléonore de Gaulmyn. 1222
— et lettres de Mme de Cadrieu. 1211
— et lettres de Rosa Ferrucci. 1204
— de Mme Mallac, religieuse du Sacré-Cœur. 1205
— de l'abbé Perreyve. 1200
— du duc de Bordeaux. 1197
— du général Drouot. 1111
Vierge (la) des campagnes. 1221
Virginie, ou la vierge chrétienne. 2 vol. 1051
Visites pastorales de Mgr Sibour. 1209
Visnelda, ou le christianisme dans les Gaules. 1052
Vivia, comte de Maricourt. 1053

Voisins (les). *F. Bremer*. 2 vol. 1054
Vocation (la) ou le jeune missionnaire. *Mme Moreau*. 1055
Voyage au pays des bêtes. *Doury*. 2 vol. 1056
— du petit André. 1057
— d'une jeune fille autour de sa chambre. *E. Faucon*. 1058
— d'un catholique autour de sa chambre. *L. Gauthier*. 1059
Vrai bonheur (le) ou illusions et réalités de la vie. *Abbé Lasalle*. 1060
Zoé, ou la femme légère. *Mme T. des Sablons*. 1061

IIIe SECTION.

HISTOIRE. — VOYAGES. — LITTÉRATURE. — SCIENCES.

Abbé Freppel, cours d'éloquence. Tertullien. 2 v. 1249
— S. Cyprien ou l'Église d'Afrique au IIIe siècle. 1249
Abeille poétique. 1415
Adam, poëme. *Vicomte Walsh.* 1419
Anabaptistes (les). *Vicomte de Bussière.* 1236
Antonins (les). *Frantz de Champagny.* 3 vol. 1238
Astronomie et météorologie. *Mlle Ulliac Trémadeure.* 1227
Beautés et merveilles de la Chine et du Japon. 1430
Beautés de l'histoire des croisades. 1375
Bibliographie catholique, revue mensuelle. 1240
Bibliothèque poétique de la jeunesse. *Abbé Reyre.* 1402
Bossuet. — Discours sur l'histoire universelle. 1260
— Morceaux choisis. 1260
Buffon. — Morceaux choisis. 1423
Causeries littéraires sur quelques femmes célèbres. *Emile Deschamps.* 1444
Césars (les). *Frantz de Champagny.* 2 vol. 1237
Charlemagne et son siècle. *Roy.* 1391
Charles-Quint et son abdication. *Mignet.* 1393
Chrétienne (une) à Rome. 1433
Christophe Colomb. *Roselly de Lorgues.* 2 vol. 1293
Cochinchine (la) et le Tonquin. *Eug. Veuillot.* 1294

Constantinople. 1291
Correspondance de Marie-Antoinette, publiée sur les documents originaux. *Comte d'Hunolstein.* 1242
Correspondance du P. Lacordaire et de Mme Svetchine. 1433
Corneille (épuré). 1406
Cours d'histoire. *A. M. D. G.* 4 vol. 1315
Cours de littérature. *D'Angely.* 1314
Culte et pélerinages de la Ste Vierge en Alsace. *Vicomte de Bussière.* 1246
Dante. — Divine comédie. 1404
Découvertes célèbres. 1452
Départ d'Eden. *Delille.* 1417
Dernier (le) des Stuarts. *Roy.* 1245
Désert (le) et le monde sauvage. *Arthur Mangin.* 1225
Don Quichotte (épuré). 1244
Eglise (l') jugée par ses œuvres. *Abbé Hoffmann.* 1243
Eglise (l'), la France et le schisme en Orient. *Eug. Veuillot.* 1317
Eglise (l') romaine et la révolution. *Crétineau-Joly.* 2 vol. 1316
Erreurs et mensonges historiques. 2 vol. 1318
Esquisses poétiques. *Alletz.* 1421
Etude critique sur le feuilleton-roman. *Nettement.* 2 vol. 1248
— Sur le roman contemporain. — 1248
— Sur les romans contemporains. *Alf. de Valconseil.* 2 vol. 1247
Etudes sur l'Allemagne contemporaine. *Cazalès.* 1445
Etudes littéraires. *L. Gauthier.* 1319
Etudes critiques sur quelques papes, traduit par l'*abbé Reinhard.* 1229
Etudes et portraits. *Dupuy* 1390

Etudes sur la composition.
Fauteuils (les) illustres. *Mme d'Altenheim.*
Femme (la). *Anaïs Ségalas.*
Fénelon. — Morceaux choisis.
Fleurs de la poésie française.
Français (les) en Algérie.
France (la) héroïque. *B. Bouniol.* 3 vol.
Fronde (la) et Mazarin. *Todière.*
Génie du christianisme. *Chateaubriand.* 8 vol.
Guérin (Eugénie de). — Lettres.
— — Journal.
Guérin (Maurice de). — Lettres.
Gloires (les) nouvelles du catholisisme. *P. Ventura.*
Guerre et révolution d'Italie.
Guerre (la) des paysans. *Vicomte de Bussière.*
Histoire Sainte. *Boreau.*
— de la religion. *Lhomond.* 2 vol.
— de l'Ancien et du Nouveau Testament. *Overberg.*
— de l'Eglise. *Abbé Darras.* 20 vol.
— de l'Eglise (abrégé). *Lhomond.*
— des Juifs. *Flavius Josèphe.* 3 vol.
— ancienne. *Boreau.*
— Grecque. —
— Romaine. —
— Romaine, trad. de l'Anglais.
— du Moyen-Age. *Boreau.*
— du Bas-Empire. *Mazas de Sarion.*
— de la Papauté. *Henrion.* 3 vol.
— des Souverains Pontifes. *Artaud de Montor.* 8 vol.
— populaire des Papes. *Chantrel.* 12 vol.
— de France. *Gabourd.* 3 vol.

Histoire de France. *Lefranc*. 2 vol. 1337. 1337
— — *Boreau*. 1337
— des Croisades. *Michaud*. 4 vol. 1264
— — (abrégé) *Michaud et Poujoulat*. 1338
— — *Valentin*. 1339
— de Jérusalem. *Poujoulat*. 2 vol. 1340
— du siége de Jérusalem. 1341
— des Templiers. 1342
— de la Chevalerie. 1343
— du Japon. 1344
— des découvertes de l'Amérique. 1345
— Contemporaine. *Chantrel*. 3 vol. 1346
— de la révolution française. *Poujoulat*. 2 vol. 1262
— de la révolution française dans le Haut-Rhin. M. *Véron-Réville*, conseiller à la Cour imp. 1239
— d'Alsace (abrégée). *Chanoine Hunckler*. 1376
— d'Angleterre. *Boreau et Duchiron*. 1347
— de Russie. — 1348
— de Pologne. — 1349
— de la Compagnie de Jésus. *Crétineau-Joly*. 6 vol. 1350
— de la Compagnie de Jésus. *Daurignac*. 2 vol. 1351
— de François Ier et de la renaissance. *M. de la Gournerie*. 1261
de Jeanne d'Arc. *Abbé Barthélemy*. 2 vol. 1263
— — *Roy*. 1369
— du règne de Louis XIV. *Loc-Maria*. 1273
— de Marie Stuart. 1354
— d'Elisabeth. *Mme Tarweld*. 1355
— de Stanislas Ier. 1352
— de Marie Leczinska. 1353
— de Marie-Thérèse. *Nettement*. 1272
— du Dauphin. *Abbé Proyard*. 1359

Histoire de Louis XVI. *Comte de Falloux.* 1356
— de Marie-Antoinette. 1357
— — Extrait des mémoires de *Veber.* 1358
— d'Innocent III. *Hurter.* 3 vol. 1250
— de Léon X. *Audin.* 1365.
— de Luther. — 1366
— de Calvin. — 1367
— de Henri VIII — 1368
— de Bossuet. *Cardinal Beausset.* 1360
— de Fénelon. — 4 vol. 1361
— de la reine Blanche. 1362
— de Napoléon. 1363
— de Voltaire. 1364
— de Mme de la Rochejaquelein. 1370
— de l'établissement du protestantisme à Strasbourg et en Alsace. *Vicomte de Bussière.* 1278
— de la Réforme en Suisse. *Haller.* 1373
— de la Réforme en Angleterre. *William Cobbet.* 1374
— de la littérature française, depuis la Restauration. *Nettement.* 2 vol. 1279
— d'une bouchée de pain. *Macé.* 1377
Jérusalem (la) délivrée. *Le Tasse.* 1403
Journal du Temple. 1399
Journal d'un missionnaire au Texas et au Mexique. *Abbé Domenech.* 1295
Lamartine. — Méditations. 2 vol. 1382
— Harmonies. 1383
— Lectures pour tous. 1384
Légende du Florival ou la mythologie allemande dans une vallée d'Alsace. *Abbé Braun.* 1313
Lettres sur l'Italie, revues et épurées. *Dupaty.* 1385
Lettres du P. Lacordaire à Mme la Tour du Pin. 1280
Lettres vendéennes. *Vicomte Walsh.* 1386

Littérature contemporaine. *Poujoulat.* 1387
Livre (le) des orateurs. *Timon.* 2 vol. 1388
Livre (le) de la nature. *Desdouits.* 4 vol. 1441
Livre (le) des mères chrétiennes. — Poésies.
H. Violeau. 1411
Loisirs poétiques. *H. Violeau.* 1412
Mélanges. *Nath. Pitois.* 1289
Mémoires de Mme Elisabeth de France. 1252
— de Mme de la Rochejaquelein. 1251
— d'un prisonnier d'Etat. *Andryane.* 1296
— sur Mme de Maintenon. 1371
Messiade. *Klopstock.* 1405
Mille et une nuits (épuré). 1440
Missions (les) chrétiennes. *Marshall.* 2 vol. 1237
Missions d'Amérique. 1447
— du Paraguay. 1448
— de l'Inde et de la Chine. 1449
— du Maduré. *P. Bertrand.* 3 vol. 1288
Mœurs des Israélites. *Fleury.* 1372
Moines (les) d'Occident. *Montalembert.* 1251
— (les) et leur influence sociale. *Abbé Martin.* 1252
Molière. (épuré). 1409
Mort d'Abel. — Poëme. *Gessner.* 1416
Muse (la) du jeune âge. 1420
Naples. 1290
Notices littéraires sur le XVIIe siècle. *Aubineau.* 1292
Œuvres scientifiques de *Figuier.* —La terre avant
le déluge. 1233
— La terre et les mers. 1234
— Le savant du foyer. 1235
— Grandes inventions. 1236
Œuvres de *Joseph de Maistre.* — Soirées de Saint-
Pétersbourg. 2 vol. 1297

Œuvres de *Joseph de Maistre*. — Du Pape. 1298
— Lettres et opuscules. 2 vol. 1299
— Eugène de Costa (lettres). 1299
— Pensées. 2 vol. 1300
Œuvres complètes du cardinal *Pacca*. 2 vol. 1283
Œuvres d'*Ozanam*. — Poètes (les) Franciscains. 1274
— Dante et la philosophie cath. au XIIIe siècle. 1275
— Lettres. 2 vol. 1276
— Œuvres choisies. 1277
Œuvres complètes de Xavier de Maistre. 1389
Œuvres de *Louis Veuillot*. — Pierre Saintive. 1301
— Pélerinages en Suisse. 1302
— Rome et Lorette. 1303
— Parfum (le) de Rome. 2 vol. 1304
— Çà et là. 2 vol. 1305
— Libres (les) penseurs. 1306
— Historiettes et fantaisies. 1307
— Nattes (les). 1308
— De quelques erreurs sur la papauté. 1309
— Etude sur St Vincent de Paul. 1310
— Petite philosophie. 1311
— Corbin et d'Aubecourt. 1312
Pape (le) en tous les temps. 1400
Pascal, sa vie, son caractère. *Abbé Maynard*. 2 vol. 1281
Pensées de Pascal. 1282
Pélerinage à Jérusalem. *Mgr Mislin*. 2 vol. 1238
— *P. de Géramb*. 3 vol. 1451
Pensées sur les divers âges de la vie. *Grünn*. 1394
Phénomènes et métamorphoses des papillons. *Mlle Trémadeure*. 1227
Pluralités des mondes. *Fontenelle*. 1445
Poésies de Turquety. 1410
Poésies dédiées à la jeunesse. *Alex. Guiraud*. 1418

Pontificat de Pie VI. *Artaud de Montor.* 1397
— de Pie VII. — 1398
Racine (épuré). 1407
Récits sur quelques célébrités littéraires. *Henri van Looy.* 1271
Religion (la) et la grâce. — Poème. *L. Racine.* 1408
Revue du Monde catholique, publication mensuelle. 1228
Richard Cœur-de-Lion. *Champagnac.* 1392
Rome. — Souvenirs religieux, artistiques, littéraires. *Mme de la Rochère.* 1265
Rome et Londres. *Abbé Margotti.* 1266
Rome et Jérusalem. *D'Avenel.* 1267
Romes (les trois). *Abbé Gaume.* 3 vol. 1268
Rome et la Judée. *Champagny.* 1259
Rome. — Lettres d'un pélerin. *Lafond.* 2 vol. 1454
Saison (une) à Nice. 1395
Sept (les) basiliques de Rome. *Vicomte de Bussière.* 1230
Sicile (la). 1270
Silvio Pellico. — Mes prisons. 1434
— Lettres. 1435
Soirées (les) de Monthléry. — Entretiens sur les origines bibliques. *Desdouits.* 1241
Soupirs. *Mme d'Ayzac.* 1414
Souvenirs de 40 ans. — Récit d'une dame de *Mme la Dauphine.* 1426
Souvenirs de l'Orient. *Comte Marcellus.* 1427
— sur les quatre derniers papes. *Card. Wisemann.* 1284
— historiques des monuments de Paris. *Vicomte Walsh.* 1424
— d'Espagne et d'Italie. 1425
Souverain (le) Pontife. *Mgr de Ségur.* 1396

Swetchine (Madame). — Vie et pensées. 2 vol. 1430
— Lettres. 2 vol. 1431
— Journal et prières. 1432
Sévigné (Madame de). — Vie. 1428
— Choix de lettres. 1429
Tableau des Catacombes. *Raoul Rochette.* 1436
Tableau populaire de la révolution. *Terrier de Loray.* 1438
Télémaque. 1439
Terre (la) Sainte. 1226
Tour (un) dans les prairies. 1446
Traité théorique et pratique de littérature pour les demoiselles. *Lefranc.* 1437
Trésor littéraire des jeunes personnes. 1269
Voyage de la Trappe à Rome. *P. de Géramb.* 1455
— en Orient. *Abbé* ***. 1456
— en Judée. *R. P. de Damas.* 1457
— au Sinaï. — 1458
— de l'Erèbe et la Terreur. 1459
— dans les glaces du pôle Nord. 1460
Voyages et découvertes en Océanie. 1461
Voyage dans les solitudes américaines. 1462
Voyages et conquêtes de Christophe Colomb. 1463
Voyage en Tartarie et dans le Thibet. *Abbé Huc.* 2 vol. 1464

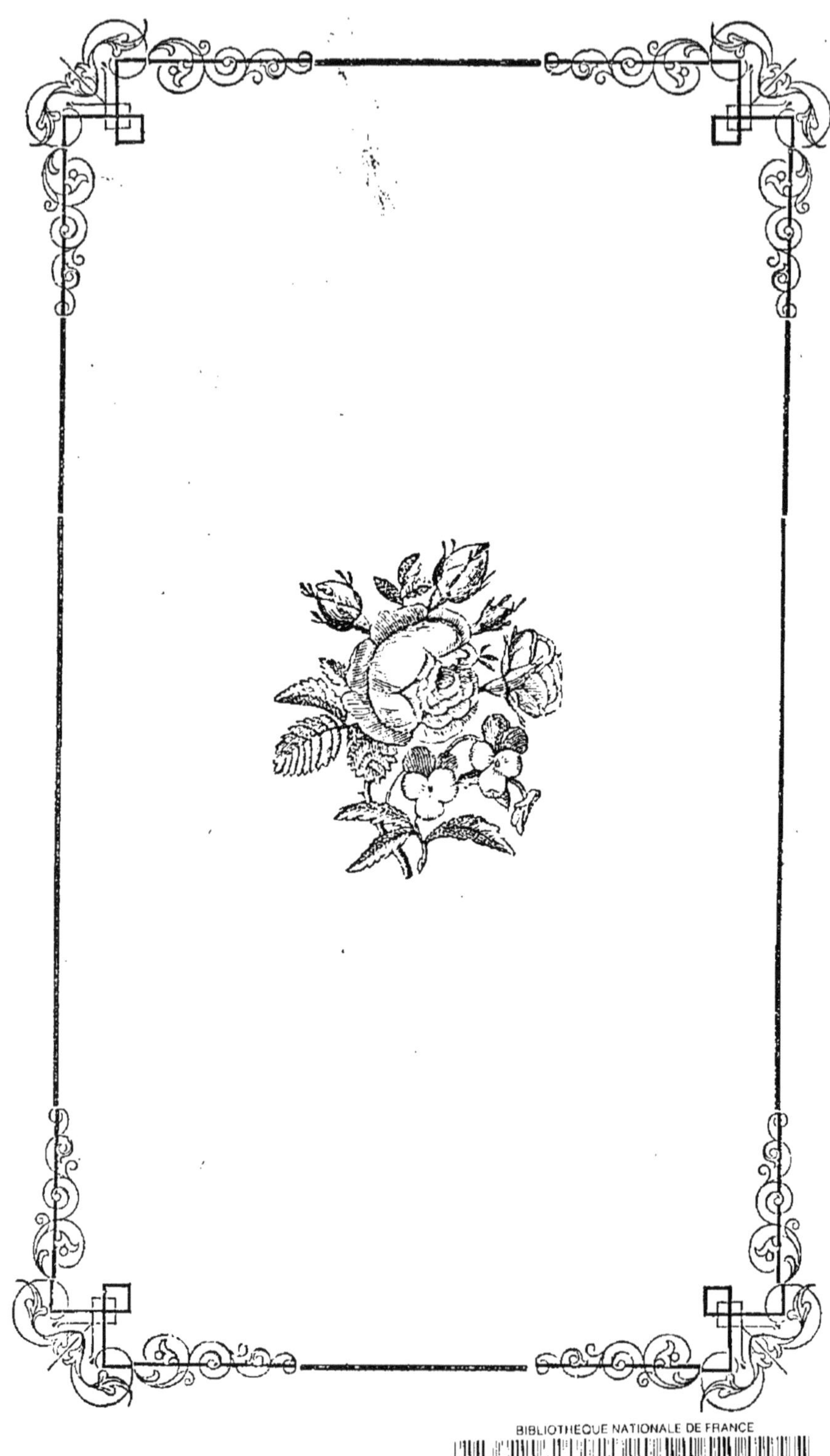

www.ingramcontent.com/pod-product-compliance
Ingram Content Group UK Ltd.
Pitfield, Milton Keynes, MK11 3LW, UK
UKHW020427230726
13925UKWH00004B/1642